Programmation Java pour adulte

Contenu

Introduction

Plusieurs sujets peuvent être divisés en parties gérables dans le cours d'introduction à Java. Au lieu de simplement regarder une vidéo et d'essayer de me souvenir de ce qui a été dit, j'ai vraiment eu l'impression de pratiquer les connaissances au fur et à mesure que je les apprenais. Dans l'ensemble, le cours était extrêmement organisé, avec des sous-tâches bien structurées et d'excellentes recommandations et notes dans chaque classe. Ce cours fait un bon travail de mise en place des fondations et de création d'un répertoire de pensée critique pour aborder les défis en Java pour quelqu'un avec un abonnement Codec demy et aucune expérience préalable avec la langue.

Programmation Java Niveau 2

Développez une compréhension plus approfondie de la programmation Java et commencez à créer des programmeurs plus complexes et plus efficaces. Apprenez à écrire des données dans un fichier de données séquentielles et à les enregistrer de manière permanente sur un disque. Apprenez à lire des fichiers pour obtenir et manipuler des données. Données d'organisme utilisant l'héritage et la structure de classe de Java et diverses classes. Découvrez quelques-unes des centaines de classes dont dispose le langage Java. Apprenez à utiliser les fenêtres, les menus, les boutons, les zones de texte, les cases à cocher, les barres de défilement et d'autres outils GUI pour créer des applications GUI en Java.

Java existe depuis plus de 25 ans et est un langage informatique très apprécié

Il existe plusieurs cours en ligne gratuits disponibles si vous souhaitez étudier Java.

Tutoriel Java pour les novices - Cours Moshe Java de SoloLearn Programmation Java : Utiliser un logiciel pour résoudre des problèmes

Programmation Java de Courser : tableaux, listes et données structurées

Principes de conception de logiciels en programmation Java - Cours

Audacity : principes de base de la programmation Java

Le cours d'introduction à la programmation Java de Test Automation University est disponible sur freeCodeCamp.

Programmation fonctionnelle en Java Tutoriel - freeCodeCamp

Expliquer l'architecture de la machine virtuelle Java pour les débutants - freeCodeCamp

Le meilleur tutoriel Java gratuit pour les débutants absolus

L'une des meilleures plateformes d'apprentissage en ligne et mes préférées est peut-être la plus appréciée. Beaucoup de gens ignorent qu'Odem propose également des cours gratuits, autorisés par la loi. Par rendu gratuit, j'entends fourni par leur créateur et enseignant dans un but de marketing et d'enseignement.

Plus de 1,2 million de personnes se sont inscrites à ce cours pour apprendre Java, ce qui est un record ; néanmoins, la qualité du parcours est vraiment assez forte, il a donc définitivement l'avantage du premier arrivé.

Vous pouvez participer à ce cours si vous débutez en programmation ou si vous connaissez déjà un langage de programmation mais souhaitez apprendre Java.

Vous cherchez à faire progresser votre carrière dans les technologies de l'information? L'expertise en développement Java est très demandée dans l'industrie, et sa croissance a dépassé celle de tout autre langage informatique ou environnement de développement. La simplicité, l'orientation objet et l'indépendance de la plate-forme de Java en font un outil précieux pour créer des applets, des serveurs et d'autres types d'applications.

Il est largement utilisé dans les systèmes commerciaux et les appareils grand public, y compris les smartphones exécutant le système d'exploitation

Android de Google et les systèmes intégrés dans un nombre croissant d'articles de consommation. Java est au cœur de nombreuses applications d'entreprise à grande échelle qui alimentent l'économie Internet. Par conséquent, pour travailler sur de futurs projets, les programmeurs qui utilisent d'autres langages doivent se familiariser avec Java.

Les fonctionnalités du langage de programmation Java

Sera examiné dans Core Java Programming afin de créer des applications multiplateformes. Vous apprendrez les bonnes techniques de conception orientée objet, comment utiliser les outils de la plate-forme de développement Java la plus récente et comment utiliser l'API Java robuste pour créer une gamme d'applications.

Les temps forts du cours

Techniques de programmation orientée objet

Super classe pour les objets Importations statiques

Abstraction de classe et d'interface

Formes de données abstraites

Traiter les exceptions

Assortiments génériques

Sérialisation XML, flux d'entrée/sortie, fichiers et NIO

Récursivité

Multi-threading

Interfaces utilisateur visuelles pour Java

Avantages du cours :

L'amélioration des compétences Java

Concepts liés aux objets

Syntaxe du langage pour Java

Développement de logiciels Java

Le meilleur cours Java

Je n'ai jamais pris est celui-ci; c'est génial pour les débutants et a des projets impressionnants. Personnellement, j'adore la méthode d'enseignement de Codec demy. Ma confiance a augmenté grâce à cette formation et je me suis déjà inscrite au niveau intermédiaire. Chaque nouveau venu dans cette industrie devrait suivre ce cours, à mon avis.

Un Java simple programmé

Cela vérifie l'âge de la console et imprime Bébé, Enfant ou Adulte selon l'entrée fournie utilise si les conditions.

Importer le scanner depuis java.util ;

Ages Scanner public class public static void main (String Rags []) Scanner in = new Scanner (System. In); dans je =

dans.nextInt (); dans. fermer (); System.out.print ("Entrez l'âge : "); Si (if) est supérieur à 0 et inférieur à 5, System.out.println ("Infant"); sinon, si (I) est supérieur à 6 et inférieur à 17, System.out.println ("Child"); sinon, si (I) est supérieur à 18, System.out.println ("Adult"); sinon, System.out.println ("Entrée invalide");

Quel âge dois-tu avoir pour apprendre la programmation ?

Non, vous n'êtes pas trop vieux pour programmer, alors éliminons cela. Il n'y a jamais eu de limite d'âge pour apprendre à coder. Mais bien trop souvent, les personnes âgées limitent leur capacité à réussir à cause du malaise et de l'incertitude. Ces mots ont tous déjà été dits :

Un changement de métier à mon âge ? Impossible."

"Les jeunes apprennent simplement ces trucs techniques plus rapidement que moi."

Je suis trop vieux pour apprendre un nouveau langage, encore moins un pour la programmation.

Chaque justification respire l'ambiguïté, et qui pourrait vraiment reprocher à une personne âgée de penser ainsi ? Les personnes âgées sont souvent décrites dans la culture populaire comme des types de chasseurs et de picoreurs qui ont besoin d'aide pour utiliser des ordinateurs.

IDE Java pour le développement de projets Java

Vous pouvez commencer à créer des projets Java en utilisant l'un des nombreux IDE Java et éditeurs en ligne disponibles. La liste qui suit comprend certains des éditeurs et IDE les plus utilisés.

IDE :

IDEA par My Eclipse Interlay

Dr. Java Blue J Developers Éditeurs en ligne pour Net Beans :

One by Godiva Doodle Retesté en ligne GDB Boxy

Vous souhaiterez peut-être lire sur les IDE Java pour des informations complètes sur les IDE et les éditeurs.

Projets Java appropriés pour les novices

Les projets répertoriés ici sont des projets Java simples pour les débutants et doivent couvrir de manière adéquate toutes les idées fondamentales de Java.

Nous avons inclus des liens vers le code source des projets Java dans les cas où le code est trop long pour être inclus dans le corps de notre article.

Certificat pour la Division Entreprises M0689

Les étudiants peuvent obtenir un certificat de programmation Java pour se préparer à un emploi en programmation informatique. Les étudiants qui terminent le programmeur de certificat auront les capacités de programmation client, serveur et base de données dont les entreprises ont besoin. L'accent est mis sur les programmeurs de programmation orientés objet, les applets Web, les pages de serveur Java, les JavaBeans et la mise en œuvre de Net Beans pour les composants logiciels réutilisables. La capacité de créer et de construire une application Java avec une interface utilisateur frontale et une base de données principale sera démontrée par les étudiants. Après avoir obtenu ce diplôme, vous pouvez poursuivre des opportunités dans le génie logiciel, les pilotes d'appareils, la programmation d'appareils mobiles et la programmation système.

Coup de coeur pour les skis

Skill crush est une université en ligne qui propose des cours dans trois domaines principaux : le codage, la conception et l'expérience utilisateur. Il a été créé pour rendre la technologie accessible à tous. L'ensemble de son programme est auto-rythmé, basé sur des projets, en ligne et dirigé par un mentor.

Malgré le fait que ses cours coûtent de l'argent, il propose un camp de codage gratuit auquel tout le monde peut s'inscrire en créant simplement un compte Skill Crush. Des cours de spécialisation sont disponibles pour ceux qui souhaitent acquérir des compétences spécialisées. Tous les cours ont une garantie de remboursement de 14 jours et une gamme de prix. Pour les personnes qui souhaitent faire la transition vers l'industrie informatique, il existe le programmeur Break into IT.

Cours recommandés :

Développement Python Front-End pour les applications Web et les données

Pour les étudiants intéressés par l'étude des bases de la programmation orientée objet et de Java

Langage de programmation, Programmation avec Java Code Fellows propose un cours de formation Java en ligne. Les étudiants apprendront à programmer des interfaces, des expressions Lambda, des flux de collecte, des filtres, des classes abstraites et imbriquées, ainsi qu'une variété d'autres capacités de programmation intermédiaires dans ce cours en utilisant les fonctionnalités Java fondamentales. À la fin du cours, les étudiants seront familiarisés avec les principes fondamentaux du langage de programmation Java et seront prêts à commencer à apprendre des utilisations plus avancées de Java dans le contexte du développement de logiciels.

Développement d'un projet personnel

Vous êtes passionné par la programmation informatique mais ne cherchez pas forcément à changer de carrière ?

Soyez assuré que vous avez des alternatives. De nombreuses personnes âgées apprennent le codage afin de créer un site Web ou une application.

Construire un projet parallèle est la meilleure solution si vous souhaitez expérimenter sans vous engager dans une certaine technologie. Les spécificités du projet dépendent de vous, mais un simple outil de suivi du budget ou un site Web de portefeuille personnel auto-hébergé sont des points de départ idéaux.

Assurez-vous que le projet que vous commencez est celui sur lequel vous aimerez travailler pendant plus d'un après-midi, quoi que vous décidiez.

Questions et réponses

Quel type de projets utilise Java ?

Des applications de différents types utilisent Java. Cependant, il régit le domaine du développement d'applications mobiles. De plus, il est utilisé dans les programmeurs de bureau, les jeux et les serveurs Web.

Que sont quelques projets Java pour les novices ?

Un système de gestion des livres, un système de gestion des billets d'avion et le jeu du serpent font partie des projets Java d'introduction. Les suggestions de projets Java novices dans la liste susmentionnée sont bien représentées.

Dans quelle mesure ces projets sont-ils simples à mettre en œuvre ?

La complexité des projets Java affecte leur difficulté à mettre en œuvre. Les tâches de la liste des débutants ci-dessus varient en difficulté, mais la plupart sont gérables.

Pour les adolescents et les élèves du secondaire

Étant donné que Java est un excellent premier langage de programmation à apprendre, les étudiants qui s'intéressent à l'informatique mais qui ne sont pas encore familiarisés avec le processus de programmation informatique pourraient souhaiter prendre le temps d'apprendre le langage. Java est un langage suffisamment flexible pour que les lycéens en particulier puissent bénéficier de sa connaissance, car il est probable que Java les aidera dans leur croissance professionnelle, quelle que soit la voie qu'ils choisissent après l'obtention de leur diplôme dans le domaine de l'informatique. De plus, de nombreux cours d'informatique AP font de Java une capacité nécessaire, il est donc possible d'avoir une longueur d'avance sur le travail difficile que vous aurez tout au long du semestre avec les études d'été.

Comme mentionné ci-dessus, Java est un langage de programmation multiplateforme très puissant qui est très apprécié des programmeurs professionnels et novices.

Contrairement à d'autres langages de programmation, Java plaît souvent aux jeunes car il est utilisé dans les jeux vidéo, dont beaucoup nos enfants sont vraiment enthousiastes.

L'un des jeux vidéo les plus connus jamais créés, Mine craft, a été créé à l'aide de Java ; en fait, l'édition Java de Mine craft est la plus jouée.

Les enfants naviguent dans un environnement périlleux et passionnant fait de blocs dans ce jeu. De plus, les joueurs développent de vastes bases pour leurs amis et construisent des bâtiments, des amours et d'autres objets avec des équipements comme des pioches.

Évaluation interne

Seuls les éléments suivants sont évalués par les professeurs et comptent pour 20 % de la note finale. Il y a 100 points possibles en tout.

Être à l'heure [10 points] : les étudiants doivent être à l'heure pour le cours, être présents et rendre les projets et les devoirs.

Dévouement [10 points] : Le LSET demande aux étudiants de se concentrer sur le matériel et de faire preuve de dévouement tout au long du programmeur.

Gestion du temps [10 points] : en terminant et en soumettant leurs devoirs à temps, les étudiants doivent faire preuve d'une solide gestion du temps. Pour que les étudiants se préparent au monde réel de l'emploi, la gestion du temps est essentielle.

Présence [10 points] : Une présence minimale de 90 % est requise, à moins qu'une justification valable étayée par une justification ne soit fournie. Pour garantir que l'étudiant a pleinement assimilé les sujets techniques et non techniques présentés dans le programme, la participation aux sessions LSET est cruciale.

Des instructions approfondies en génie logiciel utilisant le langage de programmation Java et les concepts de programmation orientés objet sont fournies dans ce cours. Découvrez les bibliothèques de classes intégrées, les mécanismes de flux de contrôle, les types de données primitifs et non primitifs et les techniques de programmation pilotées par les événements. Créer et travailler avec des objets ; renseignez-vous sur les cours; et utiliser des outils orientés objet comme le débogueur de classe. Étudiez la conception, le développement, la construction et le débogage des programmeurs et des applets Java. Utiliser le raisonnement algorithmique pour résoudre les problèmes de programmation. Expliquez les variables et les types de données utilisés dans le développement des programmeurs, implémentez des règles syntaxiques dans les programmeurs Java, etc. Les étudiants ayant une certaine expertise en programmation et/ou des connaissances en programmation orientée objet devraient suivre ce cours.

A qui est destiné ce programme ?

Élèves ayant une formation en programmation ou ceux qui travaillent pour une organisation de services financiers ou de technologie.

Étudiez sous les plus grands.

Un amour de la technologie. Un savoir inégalé. Un trait de caractère qui fait ressortir le meilleur de votre enfant. Avec 23 ans d'expérience, nous sommes conscients que le meilleur moniteur ne peut être remplacé. Le fait que des sociétés vénérables comme Google, EA, Microsoft et Disney emploient le même talent que nous n'est pas surprenant. Nos enseignants certifiés if possèdent toutes les qualifications recherchées par les entreprises prestigieuses.

Éducateurs matures 100 % nés aux États-Unis

Recrutés dans des institutions prestigieuses telles que Stanford, Caltech et NYU

Vérifications approfondies des références et des antécédents

Programmeur de certification et de formation robuste

Respect des normes reconnues par l'American Camp Association

Ayant suivi un semestre de C (je peux utiliser des pointeurs !) et travaillé dans le développement Web, j'ai donc trouvé ce cours assez difficile et chronophage, mais aussi finalement extrêmement gratifiant. Les domaines abordés sont incroyablement fascinants, et il est clair que ce cours a demandé beaucoup de réflexion et de travail pour être créé.

Un novice complet ne devrait s'inscrire à ce cours ou à cette spécialisation que s'il a beaucoup de temps libre, s'il est prêt à y aller lentement et s'il peut tolérer beaucoup de frustration. Il semble qu'il existe plusieurs bons cours disponibles pour les novices, ce qui serait un meilleur endroit pour commencer son voyage de codage.

Nous devons d'abord définir le terme "enfant" avant de pouvoir répondre à cette question. Je pense que Java pourrait être trop difficile à apprendre pour un enfant de moins de 12 ans comme premier langage de programmation. les enfants plus petits feraient mieux d'utiliser des outils pour créer un programmeur visuel à partir de gros morceaux de construction préfabriqués. Scratch, développé par le MIT, est un outil utile pour encourager les enfants de huit ans à s'intéresser à la programmation. Le pied vert peut être utilisé pour approfondir l'apprentissage de la programmation Java par un enfant de 10 ans.

Mais à mon avis, tout enfant de 12 ans ou plus intéressé par l'apprentissage de la programmation peut commencer à étudier Java avec les mêmes ressources que celles utilisées par les experts.

AWT est énorme ! Il a 12 packages avec 370 classes, tandis que Swing a 18 packages avec 737 classes à partir de JDK 8. Heureusement, il n'y a que 2 packages largement utilisés : java.awt et java.awt.event.

Les classes graphiques AWT essentielles sont incluses dans le package java.awt.

Classes pour les composants GUI tels que Label, Text Field et Button.

Classes pour les conteneurs GUI tels que Frame et Panel.

Flow Layout, Border Layout et Grid Layout sont des exemples de gestionnaires de mise en page.

Classes avec des visuels uniques, tels que des visuels, des couleurs et des polices.

La gestion des événements est prise en charge par le package java.awt.event :

Les événements incluent des classes telles que Action Event, Mouse Event, Key Event et Window Event; interfaces d'écoute telles que Action Listener, Mouse Listener, MouseMotionListener, Key Listener et Window Listener; et des classes d'adaptateurs d'écouteurs d'événements telles que l'adaptateur de souris, l'adaptateur de clé et l'adaptateur de fenêtre.

Pour créer des applications visuelles, AWT propose une interface indépendante de la plate-forme et de l'appareil.

Créez un Java programmé pour effectuer les opérations fondamentales de la calculatrice.

Des opérations telles que l'addition, la soustraction, la multiplication et la division viennent à l'esprit lorsque vous pensez à une calculatrice. Utilisons le programme ci-dessous pour implémenter les fonctions fondamentales de la calculatrice.

Calculatrice de classe publique ; importer java.util.Scanner ; public static void main (String [] ergs); paquet Eureka Scanner lecteur : nouveau Scanner (System. In) ; print ("Entrez deux chiffres : "); // ensuite le double suivant est lu en utilisant Double() depuis le clavier.

Premier double égal à reader.nexreader.next ; double (); double secondeLe code suivant est utilisé : Double (); System.out.print ("Entrez un opérateur (+, -, *, /): "); opérateur char = lecteur. Suivant (). Le cas de commutation pour chaque opération est commutateur (opérateur); graphique (0); double résultat ;

L'opérateur ne correspond à aucune des constantes de casse (+, -, *, /) : case '+' : result = first + second; casser; cas '-' : résultat = premier - deuxième ; casser; case '*' : résultat = premier * deuxième ; casser; cas '/' : résultat = premier / second ; casser.

Par défaut : System.out.printf ("Erreur !
L'opérateur est

Après avoir terminé ce cours, un étudiant
aura les compétences nécessaires pour:

Montrez que vous maîtrisez le langage de
programmation Java.

Utiliser des types de données de base, des
systèmes de contrôle, des méthodes, des
tableaux, des classes, des interfaces, le
polymorphisme, l'héritage, le traitement
d'événements asynchrones et le
multithreading pour créer des
programmeurs Java côté client basés sur
une interface graphique, orientés objet et
pilotés par des événements. , et piloté par
des types de données primitifs.

Créez des programmeurs Java qui se
connectent à la base de données et

modifient les enregistrements de la base de données.

Créez des applications de mise en réseau à l'aide de l'API de mise en réseau et de l'appel de méthode à distance.

Utilisez les interfaces côté client, le protocole Web et les technologies côté serveur comme les serveurs Java et Java Server Page pour créer des programmeurs côté serveur.

Développez des programmes et des jeux Java à exécuter sur une variété de matériels.

Conseil programmé

Rencontrez fréquemment votre conseiller pédagogique pour passer en revue vos objectifs et vous assurer que vous êtes sur le point d'obtenir votre diplôme ou d'être transféré.

Codage Java : introduction

Les programmeurs utilisent fréquemment Java, un langage de programmation orienté objet à usage général, dans une variété d'industries, y compris la création d'applications Android et les technologies Big Data. C'est une langue populaire et demandée à apprendre en raison de son indépendance de plate-forme.

Pour les personnes novices en programmation, la partie 1 fournira une introduction à Java.

Sujets de l'atelier

Comprendre les fondamentaux de la programmation.

Utiliser des variables pour effectuer des tâches.

Les conditions sont utilisées pour modifier le comportement du programme.

Exécuter des applications Java via la ligne de commande.

Création de programmeurs Java à l'aide d'un IDE.

Des compétences informatiques intermédiaires et une volonté d'apprendre sont des exigences. Bien que non nécessaire, une expertise antérieure en programmation est un plus.

Pour vous connecter et utiliser le logiciel pour ce cours, vous devez avoir des campus actuels.

Étant donné que chaque programmeur Java est écrit en texte brut, aucun logiciel supplémentaire n'est requis

Ouvrez le Bloc-notes ou n'importe quel éditeur de texte simple que vous avez sur votre PC en tant que premier programmeur.

Voici comment le programmeur complet est présenté :

Il est préférable de développer l'habitude de saisir le code dans votre éditeur de texte plutôt que de le copier-coller. Vous comprendrez mieux comment sont créés les programmes et surtout, vous ferez des erreurs, ce qui accélérera votre apprentissage de Java ! Bien que cela puisse sembler étrange, chaque erreur que vous faites fait finalement de vous un meilleur codeur. Tout ira bien tant que vous gardez à l'esprit que le code de votre programme doit correspondre à l'exemple de code.

Préface

Yaakov Fain, un champion de Java, a écrit le livre "Java for Kids". L'objectif est d'aider les étudiants à apprendre Java, le langage de programmation le plus utilisé au monde. Commençant par une introduction à Java, ce livre montre ensuite comment créer des programmeurs avec une interface utilisateur graphique en créant les jeux Ping-Pong et Tic-Tac-Toe.

Il existe plusieurs applications pour le livre "Java for Kids".

Les jeunes peuvent l'utiliser pour s'instruire.

Les parents peuvent éduquer leurs enfants Java avec ce livre.

Il peut être utilisé comme manuel dans les cours de programmation débutants par les éducateurs.

Il peut être utilisé en complément des cours "Informatique 101" dispensés par des professeurs d'université.

Java est-il une option fiable pour enseigner aux enfants ?

Nous devons d'abord définir le terme "enfant" avant de pouvoir répondre à cette question. Je pense que Java pourrait être trop difficile à apprendre pour un enfant de moins de 12 ans comme premier langage de programmation. les plus petits feraient mieux d'utiliser des outils pour créer des programmeurs visuels à partir de gros morceaux de construction préfabriqués. Scratch, développé par le MIT, est un outil utile pour encourager les enfants de huit ans à s'intéresser à la programmation. Le pied vert peut être utilisé pour approfondir l'apprentissage de la programmation Java par un enfant de 10 ans.

Mais à mon avis, tout enfant de 12 ans ou plus intéressé par l'apprentissage de la programmation peut commencer à étudier Java avec les mêmes ressources que celles utilisées par les experts.

Le compilateur Java "java" est une autre illustration d'un programme console moi.

Le code du fichier HelloWorld.java sera lu par ce programmeur et converti dans un langage que votre ordinateur peut comprendre. Cette procédure est connue sous le nom de compilation. Vous devez compiler chaque programme Java que vous créez afin de l'exécuter.

Vous devez d'abord indiquer à votre ordinateur où le trouver avant de pouvoir lancer javac à partir de la fenêtre du terminal. Par exemple, il peut se trouver dans le répertoire "C: Program FilesJavajdk1.6.0_06bin". Si vous n'avez pas ce répertoire, vous pouvez le localiser en recherchant "java" dans un fichier de l'Explorateur Windows.

Lorsque vous l'avez localisé, entrez la commande suivante dans la fenêtre du terminal :

Plateformes/Éditions pour Java

Java est disponible en 4 plates-formes ou éditions :

Java édition standard (Java SE)

C'est un environnement de développement Java. API de programmation Java comme java.lang, java.io, java.net, java.util, java.sql, java. Les mathématiques, etc. y sont incluses. OOPs, String, Rage, Exception, Inner Classes, Multithreading, I/O Stream, Networking, AWT, Swing, Reflection, Collection, etc. font partie des sujets fondamentaux abordés.

Java Enterprise Edition (Java EE)

Il s'agit d'une plate-forme d'entreprise principalement utilisée pour la création d'applications d'entreprise et en ligne. Il est construit au-dessus de la fondation Java SE. Il couvre des sujets tels que JSP, Servi, Web Services, EJB, JPA, etc.

Java Micro Edition (Java ME)

C'est une petite plate-forme spécialement conçue pour les applications mobiles.

Pourquoi apprendre Java ?

Pour les apprenants ainsi que les personnes employées qui souhaitent exceller en tant qu'ingénieurs en logiciel, en particulier ceux dans le domaine du développement de logiciels, la connaissance de Java est un MUST. Java apparaîtra presque certainement dans une enquête sur le meilleur langage de programmation.

Étant donné que Java est un langage de programmation très simple à apprendre, cela peut être un bon point de départ pour vous. De plus, il existe de nombreux outils Java disponibles qui sont simples à utiliser pour les développeurs et les nouveaux utilisateurs. De nombreux autres avantages contribuent également à faire de Java le choix préféré de tout programmeur :

Java est téléchargeable gratuitement car il est open source.

Combien de temps faut-il pour apprendre Java ?

Java peut-il être appris en 30 jours ? Ça dépend, vraiment. Principalement basé sur qui vous êtes. Cependant, cela dépend de la façon dont vous définissez l'apprentissage d'une langue. Passons en revue ce que l'acquisition du langage implique afin que vous puissiez voir ce que je veux dire.

Quiconque veut devenir programmeur doit avant tout maîtriser la logique de programmation. Si vous devez être capable de penser de manière algorithmique, vous devez être capable de diviser un problème en un ensemble d'instructions séquentielles et claires que même un simple ordinateur peut suivre. La bonne nouvelle est que la logique de programmation est une compétence totalement transportable. Une fois que vous l'aurez appris, vous vous en souviendrez toujours.

Applications pour Java

Java SE 18 est la version la plus récente de Java Standard Edition. Avec le développement et la popularité croissante de Java, plusieurs configurations ont été créées pour fonctionner avec différents types de systèmes. J2EE pour les applications d'entreprise et J2ME pour les applications mobiles, par exemple.

Java SE, Java EE et Java ME, respectivement, sont les noms de remplacement des versions J2. Java a une garantie intégrée qu'il peut être exécuté partout.

La fonctionnalité multithread de Java permet de créer des programmes capables d' effectuer plusieurs tâches à la fois. Les concepteurs peuvent créer des applications interactives qui fonctionnent bien grâce à cet élément de conception.

Le code d'octet Java n'est enregistré nulle part ; au lieu de cela, il est instantanément converti en instructions machine natives.

Experts Java

Java Code Geeks propose non seulement un cours sur le langage de programmation Java, mais également des exemples de code téléchargeables gratuitement. Java Code Geeks diffère des autres leçons Java en ligne en raison de cette fonctionnalité. Sous cette plate-forme, vous pouvez en savoir plus sur plusieurs versions de Java, y compris Java de base, Java de bureau et Java d'entreprise.

Pour étudier le langage de programmation Java, vous pouvez découvrir plusieurs documents ou livres électroniques téléchargés, tels que Java Rock star, JPA Mini Book, JVM Troubleshooting Guide, Joint Tutorial for Unit Testing, et bien d'autres. Des projets Java complets sont également disponibles en téléchargement à partir de cette leçon.

Outre des informations de qualité sur Java, il propose également des informations sur d'autres langages, comme Android, Scalar, Colin, Jury, etc.

Les meilleurs cours Python disponibles sur Urey en termes de prix

Python a toujours été le langage le plus apprécié et le plus demandé pour le développement Web. Python est largement utilisé dans la science des données, les réseaux, l'apprentissage automatique, le développement de bases de données, les jeux et d'autres domaines. Tôt ou tard, ceux qui souhaitent le maîtriser recherchent des cours appropriés sur Urey.

Dans votre intérêt, nous avons utilisé un certain nombre de facteurs pour choisir les meilleurs cours Python disponibles sur Urey :

Les débutants et les intermédiaires devraient utiliser

L'anglais est la langue par défaut pour le codage dans le monde entier et est particulièrement adapté au développement Web,

Des vidéos, articles, exercices, examens et autres ressources sont accessibles.

Des coûts abordables,

Avec une solide feuille de route, des écrivains et des revendeurs vérifiés,

Les meilleures critiques d'étudiants réels sur Urey,

Un certificat d'achèvement est disponible.

Qu'est-ce qui justifie l'apprentissage de l'informatique ?

Des opportunités innovantes et créatives seraient fournies par l'informatique. Les élèves sont encouragés à utiliser leur imagination et leurs talents pour construire quelque chose dès le départ.

L'apprentissage des bases de l'informatique aidera les étudiants à améliorer leur capacité à penser de manière critique et analytique tout en relevant des défis difficiles qui les aideront à l'avenir.

Les étudiants qui étudient l'informatique rencontreront des difficultés qui les obligeront à surmonter des obstacles et à devenir des résolveurs de problèmes exceptionnels.

Professions telles que la mise en réseau, l'architecture de systèmes, l'ingénierie logicielle et la programmation. Chacun de ces cours d'informatique en ligne peut être suivi gratuitement, et beaucoup d'entre eux peuvent être utilisés pour obtenir des crédits dans des programmes prestigieux en informatique, en technologie de l'information et en cybersécurité.

Nos cours d'informatique vous apprendront à :

Apprenez les principes de gestion de projet dans un environnement de génie logiciel pour gérer des projets, des personnes et des produits. Écrivez programmé en utilisant des concepts de programmation orientée objet comme les objets, les classes, l'héritage et le polymorphisme. Appliquez la méthodologie orientée objet à l'ingénierie logicielle pour créer des artefacts UML pour l'analyse, les exigences, la conception et les tests de logiciels.

Passons en revue le "Hello, world!" message imprimé par le programmateur "Hello-world" sur la console d'affichage.

Entrez le code source ici : à l'aide d'un éditeur de texte de programmation, entrez le code source suivant, qui construit une classe nommée "Hello". Les numéros de ligne qui ont été ajoutés au volet de gauche pour faciliter l'explication ne doivent pas être entrés.

Nommez le fichier source "Hello.java" et cnregistrez-le. L'extension de fichier ".java" doit être utilisée lors de l'enregistrement des fichiers source Java. Le nom de la classe, dans cet exemple

"Hello", doit correspondre exactement au nom du fichier. La casse compte dans les noms de fichiers et les camarades de classe.

/* * c'est le premier programme Java que j'ai, et il me dit bonjour. Public static void main (String [] arts) // Enregistrer sous "Hello.java" System.out.println ("hello, world"); // Imprimer le message texte // Point d'entrée programmé

Résumé du cours

Le développement de logiciels étendus et complexes est nécessaire compte tenu de l'évolution des technologies de l'information et de la communication. De plus, le programme doit être solide, indépendant de la plate-forme, compatible avec Internet et simple à développer. Le langage de programmation Java s'impose comme l'environnement de programmation idéal car il est construit sur le paradigme orienté objet, qui a été créé pour satisfaire ce critère. Le langage de programmation Java est maintenant utilisé pour la compatibilité des systèmes distribués, le développement Internet et bien d'autres applications. Ce cours vise à couvrir les bases de la programmation Java afin que les étudiants puissent améliorer leurs capacités à répondre aux exigences de l'industrie informatique et à résoudre de nombreux problèmes dans leur domaine d'études particulier.

Concernant le langage de programmation Java

Vous cherchez à faire progresser votre carrière dans les technologies de l'information? L'expertise en développement Java est très demandée dans l'industrie, et sa croissance a dépassé celle de tout autre langage informatique ou environnement de développement. La simplicité, l'orientation objet et l'indépendance de la plate-forme de Java en font un outil précieux pour créer des applets, des services et d'autres types d'applications.

Il est largement utilisé dans les systèmes commerciaux et les appareils grand public, y compris les téléphones intelligents exécutant le système d'exploitation Android de Google et les systèmes intégrés dans un nombre croissant d'articles de consommation. Java est au cœur de nombreuses applications d'entreprise à grande échelle qui alimentent l'économie Internet. Par conséquent, pour travailler sur de futurs projets, les programmeurs qui utilisent d'autres langages doivent se familiariser avec Java.

Pour effectuer les opérations fondamentales de la calculatrice, écrivez un programme Java moi.
Les calculatrices peuvent effectuer des multiplications, des divisions, des additions et des soustractions, entre autres opérations. Utilisons le programme ci-dessous pour effectuer certaines opérations fondamentales de la calculatrice.

Calculatrice de classe publique ; importer java.util.Scanner ; void static public class main (String [] rags) Lecteur pour scanner : nouveau Scanner (System. In) ; System.out.Print "Entrez deux nombres : "ContinueDouble () lit le double suivant à partir du clavier avec la formule double first = reader.next.double (); lecteur. Next ; double second Double (); System.out.Enter l'un des opérateurs suivants : (+, -, * ou /); lecteur. Suivant ( ); impression ("Entrez un opérateur (+, - , * ou /) : "). Pour chaque action, utilisez le commutateur changement de cas (opérateur) ; tableau (0) ; double résultat ;

Case '+' : résultat égal à premier plus deuxième ; casser; Cas '-' : le résultat est égal au premier moins le deuxième ; casser; Cas '*' : le résultat est égal au premier plus le deuxième ; casser; Cas '/' : le résultat est égal au premier plus le deuxième ; casser; // l'opérateur ne correspond à aucune constante de casse (+, -, *, /)

system.out.printf ("Erreur ! Les opérateurs ne sont pas corrects") par défaut ; retour;

www.ingramcontent.com/pod-product-compliance
Lightning Source LLC
Chambersburg PA
CBHW071111260726
48661CB00006B/2571